Recettes créatives

Cuisine pour célibataires

Angelika Ilies

Chantecler

Titre original : *Single-Küche* (Angelika Ilies)

This translation of Single-Küche first published in 2000 is published with arrangement with Falken Verlag GmbH & Co. KG, Munich, part of Verlagsgruppe Random House GmbH.
Photos accompagnant les recettes et autres photos de l'intérieur : Falken Archiv : M. Brauner pp. 19 et 24, W. Feiler pp. 27, 30, 58 et 59, U. Kop p. 3 en haut à droite, M. Krapohl pp. 56 et 63, R. Schmitz p. 60, TLC pp. 3 en bas, 6, 7, 8, 9, 10/11, 14, 15, 16, 17, 20, 21, 23, 25, 28, 29, 31, 33, 34, 35, 36, 37, 39, 40, 41, 42, 43, 45, 46, 47, 49, 50, 51, 53, 54, 55, 57 et 61, B. Wegner p. 13

Cette édition par Chantecler, Belgique-France
Traduction française : Isabelle Cassou
D-MMIII-0001-496
Imprimé dans l'UE

Introduction

Mais oui, cela vaut la peine de faire la cuisine, même pour une seule personne ! Les recettes de ce livre sont idéales pour les célibataires. Nous vous proposons de cuisiner de petites portions avec peu d'ingrédients. Et souvent en moins d'une heure, vous aurez fini de tout préparer, la cuisine sera rangée et vous n'aurez plus qu'à vous régaler !

Table des matières

Aperçu des recettes

	page	kcal par portion	maigre	végétarien	au poisson	raffiné	entre amis	rapide	économique	facile
Tacos à la dinde	12	430					+			+
Côtelette, sauce aux champignons	14	500						+	+	
Curry de crevettes	15	600			+	+				+
Rumsteck aux agrumes	16	570				+				
Brochette de dinde aux courgettes	17	620				+			+	
Bœuf aux tagliatelles	18	520	+			+				+
Quinoa aux légumes de printemps	20	620	+				+		+	
Mil aux cèpes et aux haricots	21	480	+	+			+		+	+
Gratin de pâtes au brocoli	22	1 000			+				+	+
Pâtes aux courgettes et au saumon fumé	24	660			+					+
Gnocchis aux fines herbes	25	800		+				+	+	+
Poêlée de pommes de terre	26	490					+		+	+
Goulasch à la hongroise	28	480	+						+	+
Mijotée de lentilles au lard	29	700					+		+	+
Festin du pêcheur	30	600			+		+			+
Crêpe-pizza	31	780					+		+	+
Asperges au jambon	32	490	+			+				
Omelette aux légumes	34	650	+	+			+		+	
Œufs en nids de légumes	35	730		+			+			+
Risotto du célibataire	36	900					+		+	+
Riz aux légumes et au fromage bleu	37	670					+	+	+	+
Crêpe aux amandes	38	880				+			+	+
Soupe de brocoli à la crêpe	38	570		+				+	+	+

	page	kcal par portion	maigre	végétarien	au poisson	raffiné	entre amis	rapide	économique	facile
Soupe au saumon	40	300	+		+		+			+
Escalope aux lentilles	41	650							+	+
Cabillaud grillé et pâtes au poireau	42	620	+		+	+				+
Tagliatelles au jambon	43	690						+	+	+
Champignons à la crème et purée	44	700		+		+	+			
Filet mignon au gratin	44	840				+				+
Risotto au poulet et parmesan	46	800	+				+		+	
Croquettes de riz	47	550		+				+	+	
Cuisses de poulet aux carottes	48	620							+	
Salade de poulet	48	760					+		+	+
Cassolette de légumes au riz	50	750					+		+	+
Curry de bœuf aux légumes	51	570	+			+		+		+
Pita garnie	52	740						+	+	+
Pain fourré à la mozzarella	52	670						+	+	+
Burgers de blé vert aux carottes	54	980		+			+		+	
Petit pain aux germes	55	430		+				+	+	+
Muffins mexicains	56	630					+		+	+
Feuilletés courgette-salami	57	880					+		+	+
Petit pain au mascarpone	58	500		+						+
Sandwich à la grecque	59	360		+			+	+	+	+
Brochettes aux légumes	60	490		+			+	+	+	
Sandwich au poulet	61	570						+	+	+
Empanadas farcies à l'agneau	62	990					+		+	+

Je cuisine pour moi

Quelquefois, c'est juste le temps qui manque, parfois, c'est l'envie. Souvent, le réfrigérateur est vide et la cuisine peu équipée... Toutes ces raisons font que les célibataires ne se font pas beaucoup la cuisine. Mais c'en est fini. Dans ce livre, nous vous proposons des recettes rapides et simples, et aussi quelques variantes, suggestions et conseils intéressants pour vous permettre de mieux vous organiser dans votre cuisine de célibataire.

Le matériel de cuisine

Pour bien équiper votre cuisine, il faut d'abord vous procurer quelques ustensiles dont il est absolument indispensable qu'ils soient solides et de bonne qualité. Les plus importants que nous vous proposons sont :

Deux à trois **casseroles** de tailles diverses (par exemple une casserole d'acier de 16 cm de diamètre, une plus grande d'environ 20 cm de diamètre et une sauteuse de 20 à 22 cm suffiront pour commencer). Choisissez plutôt trop grand que trop petit afin de pouvoir faire la cuisine pour un(e) ami(e) dans le cas d'une visite. N'oubliez pas que, si l'on peut faire cuire une petite quantité dans une grande casserole, les grandes quantités n'entrent jamais dans les petites !

Ensuite, il vous faut évidemment de bons **couteaux**. Un grand couteau de cuisine et un petit éplucheur sont indispensables dans toutes les maisons. Ensuite, un couteau dentelé pour le pain et un couteau à légumes seront très utiles.

Vous aurez toujours besoin d'une **planche de travail**. Il est encore mieux d'en avoir une pour les fruits et les aliments sucrés et une autre pour les légumes, la viande et le fromage. Les planches de plastique sont certainement plus hygiéniques que celles de bois et peuvent être lavées au lave-vaisselle.

Il reste encore les petits **ustensiles ménagers** utiles : le couteau économe pour éplucher pommes de terre et autres légumes, une petite et une grande passoire, une râpe à main, un presse-citron, un presse-ail, un fouet, une cuillère en bois, une spatule, une écumoire, un fusil à aiguiser les couteaux, de bons ciseaux de cuisine, un tire-bouchon et un ouvre-boîte.

Si vous pensez faire des gratins et des gâteaux, il vous faudra enfin un **moule à gratin** et un **plat à four**, par exemple en verre, en porcelaine ou en métal. Vous pourrez bien entendu vous servir de ces plats pour d'autres usages car ils peuvent s'adapter à de nombreuses situations.

Faire les courses avec plaisir

Il est toujours amusant de faire les courses, que ce soit dans les supermarchés qui restent ouverts très tard ou dans les nombreux petits magasins de quartier. Quand on n'a

pas établi de liste à l'avance, on a vite fait de remplir son panier mais, une fois chez soi, on se rend souvent compte qu'il manque quelque chose. Il est facile de remédier à cet inconvénient : faites une **liste**. Car même si vous l'oubliez sur la table de la cuisine avant de partir faire les courses, vous vous rappellerez toujours mieux ce que vous vouliez acheter que si vous n'aviez rien écrit.

Souvent, le célibataire se retrouve devant les rayons des magasins et se demande s'il vaut mieux acheter les petits emballages qui finalement reviennent plus cher, ou bien les gros emballages familiaux. J'ai souvent remarqué que vous êtes gagnant avec les **petites quantités**. Les restes des gros paquets finissent généralement par s'abîmer et on les jette, malgré les bonnes intentions de les utiliser plus tard pour ne pas gaspiller. En plus, les paquets entamés prennent de la place inutile dans les placards.

Il vaut mieux acheter le **fromage,** la **viande** et la **charcuterie** à la coupe qu'au rayon préemballé où les quantités par article sont plus grosses. Si vous demandez au boucher de ne vous servir que 100 g de viande hachée, il n'y a aucune raison de vous laisser intimider. Le client est roi ! Savez-vous que plus d'un tiers des ménages sont constitués d'une seule personne ? Vous ne serez d'ailleurs pas le premier client à demander qu'on vous serve de petites quantités. Au rayon fruits et légumes, vous pourrez vous servir vous-même. Et là, ouvrez les yeux ! N'achetez pas d'inutiles paquets trop chers. Mais recherchez les **fruits** et les **légumes** vraiment frais et choisissez ceux dont on peut se servir soi-même un par un.

Les provisions raisonnables

Évidemment, il n'est pas nécessaire de faire les courses tous les jours ! Ayez une petite quantité de provisions durables, afin de pouvoir pallier aux petites faims, aux retours tardifs du bureau ou au mauvais temps. Vous garderez ces provisions soit au réfrigérateur soit dans le placard, le temps de leur durée de péremption – jour, semaine, mois. Surveillez donc ces dates de péremption et passez régulièrement vos réserves en revue afin de les utiliser à temps. Le choix de vos provisions est bien sûr d'ordre personnel, selon vos goûts. Mais dans tous les cas, stockez ce que vous aimez beaucoup et mangez souvent. Vous aurez besoin de ces aliments et vous pouvez en avoir de plus grandes quantités en réserve. Voici quelques indications pour constituer vos provisions :

Dans les **placards** (qui doivent être sans lumière et au sec), conservez ce qui suit : de petites quantités de farine, riz, féculents, semoule, poivre vert, fécule, chapelure, sucre, miel, sel, pâtes, légumes secs, soupes en sachet, bouillons instantanés, épices selon vos goûts, champignons et piments secs, concentré de tomate, huile et vinaigre, pain de mie en tranches, lait longue conservation, noix et amandes, raisins secs, oignon, ail, purée de pommes de terre instantanée, soupes et sauces.
Conserves de toutes sortes : charcuterie, crevettes, sardines, moules, thon, maïs, haricots verts, haricots rouges, tomates, cerises et ananas.

Au **réfrigérateur**, où la durée de vie des produits est notablement allongée, vous pourrez conserver plus longtemps de nombreux aliments. Par exemple : fromage, charcuterie, crème fraîche et yaourts, beurre et margarine, paquets entamés, œufs, confiture, citrons, moutarde et mayonnaise.

Au **congélateur** ou dans le **freezer** quatre étoiles du réfrigérateur, vous pouvez conserver les produits surgelés. Viande, poisson, fruits de mer, fromage râpé, fruits, légumes, fines herbes – tout ceci peut se conserver plusieurs mois.
Les surgelés ont ceci de pratique qu'on peut en prélever une petite quantité quand on en a besoin et remettre le reste au congélateur, ce qui est idéal pour prévoir les repas. Par exemple, vous pouvez mélanger plusieurs sortes de légumes pour une recette sans avoir de restes comme avec des produits frais.

À savoir :

- Surveillez toujours les dates de limite d'utilisation et de péremption.
- Mettez toujours les produits que vous venez d'acheter au fond du placard.
- Notez toujours la quantité de ce que vous congelez et la date.
- Retirez les fruits et les légumes abîmés avant qu'ils n'abîment tout le reste.
- N'achetez pas de conserves au couvercle bombé et n'en utilisez jamais.
- Rangez toutes les provisions entamées dans des bocaux ou des boîtes hermétiques.

- Nettoyez régulièrement le réfrigérateur à l'eau chaude additionnée de vinaigre.
- Faites les provisions régulièrement à intervalles espacés.

Les plats tout prêts ne sont jamais complets

Les plats tout prêts ou presque prêts sont formidables et les célibataires en achètent beaucoup. Mais ils manquent d'ingrédients frais et n'apportent pas les nutriments nécessaires pour la santé. C'est pourquoi il importe de compléter ces nourritures en sachet par des produits frais chaque fois que possible. Par exemple, vous ajouterez une salade de tomates fraîches à une pizza surgelée, ou vous compléterez les soupes toutes prêtes de fines herbes et de quelques légumes croquants. Ainsi vous gagnez du temps tout en vous assurant un meilleur apport en vitamines et sels minéraux.

Sur le lieu de travail

Si votre lieu de travail comporte une cantine d'entreprise qui propose des repas variés, n'hésitez pas à utiliser cette ressource. Servez-vous au buffet de crudités, foncez sur les légumes et les plats de viande ou poisson pauvres en matières grasses.
Si vous n'avez pas la possibilité quotidienne de déjeuner dans un restaurant d'entreprise, vous pouvez toujours apporter de chez vous votre repas de midi, par exemple un sandwich. Vous en trouverez des recettes à partir de la page 52.
Rassemblez vos grignotages et faites de petites collations, une pomme ou une banane, un yaourt ou du fromage blanc, qui sont faciles à emporter et sains.

Moins de temps dans la cuisine

Si vous faites régulièrement la cuisine pour vos repas, organisez-vous : quand vous faites cuire des pommes de terre, du riz ou des pâtes, faites-en une double quantité et préparez une autre recette à base du même aliment le lendemain. Pages 38 à 51, vous trouverez une gamme de recettes qui vous permettront de préparer deux plats avec les mêmes ingrédients.
Comme il est facile de conserver les sauces pour crudités et la vinaigrette, préparez tranquillement les vôtres pour 4 personnes. Versez les ingrédients dans un bocal, fermez celui-ci et secouez-le vigoureusement. Pas besoin de fouet, la sauce est prête. Vous vous en servirez pour vos crudités et pourrez conserver le bocal fermé deux semaines au réfrigérateur.

Aide pour les recettes

- ⊕ maigre → s'applique à la recette
- ⊖ végétarien → ne s'applique pas à la recette
- ⊖ au poisson
- ⊖ raffiné
- ⊖ entre amis
- ⊖ rapide
- ⊖ économique
- ⊖ facile

Table d'équivalence

1 l = 1 000 ml
1 tasse = 150 ml
1 verre = 200 ml
1 cuiller à soupe = 15 ml
1 cuiller à café = 5 ml

Abréviations

c.s. = cuiller à soupe (rase)
c.c. = cuiller à café (rase)
p.d.c. = pointe de couteau
p. = paquet
l = litre(s)
cl = centilitre(s)
ml = millilitre(s)
kcal = kilocalorie(s)
env. = environ
h = heure(s)
mn = minute(s)
Ø = diamètre
°C = degrés Celsius
cm = centimètre(s)

TOMATES
PELADOS
Bonduelle
Möhrchen
extra fein
425
Ananas
in Scheiben,
gezuckert
850
836 g
490 g

Tacos à la dinde

- maigre
- végétarien
- au poisson
- raffiné
- entre amis
- rapide
- économique
- facile

Ingrédients

1 tomate · 1/2 oignon · 1 feuille de laitue iceberg

1 petite gousse d'ail · 50 g de maïs (conserve)

80 g d'escalope de dinde · sel · poivre noir du moulin · 1 p.d.c. de poivre de Cayenne

1 c.s. d'huile

2 coquilles de tacos (du commerce)

1 c.s. de sauce Taco (du commerce) · 2 c.s. de crème liquide additionnée de quelques gouttes de jus de citron · 4 c.s. de gouda jeune râpé

Pour 1 personne
Préparation : env. 30 mn
Env. 430 kcal

1 Incisez la tomate en croix, ébouillantez-la, rincez-la à l'eau froide et pelez-la. Retirez le pédoncule, épépinez-la et coupez-la en dés. Épluchez l'oignon et émincez-le. Lavez la feuille de salade, essorez-la et coupez-la en lamelles.

2 Épluchez l'ail et hachez-le. Égouttez le maïs dans une passoire.

3 Coupez l'escalope en fines lamelles et assaisonnez-la de sel, de poivre et de poivre de Cayenne. Préchauffez le four à 200 °C (th. 6-7).

4 Faites chauffer l'huile dans une poêle et mettez l'ail et l'oignon à blondir rapidement dedans. Ajoutez les lamelles de dinde et faites-les griller sur les deux faces, puis sortez-les.

5 Posez les coquilles de tacos sur une tôle et réchauffez-les pendant 4 minutes au four. Sortez-les et farcissez-les de salade, de dés de tomate, de maïs et de viande.

6 Arrosez les tacos d'abord de sauce Taco puis de crème. Parsemez de fromage râpé et servez aussitôt.

Variantes

Vous pouvez remplacer la dinde par du filet de bœuf et le maïs par des haricots rouges.
Vous pouvez aussi faire des tacos végétariens. Doublez alors la quantité de maïs et coupez un poivron vert en lamelles que vous ferez griller avec l'ail et l'oignon.

Poivre de Cayenne

Il provient du piment-oiseau qu'il est facile de confondre avec le paprika. Le poivre de Cayenne est 20 fois plus fort que le paprika. Si vous n'avez pas de poivre de Cayenne sous la main, remplacez-le par du paprika.

Ingrédients

100 g de champignons de Paris · 1/2 c.s. de beurre

1 paquet de préparation pour sauce à l'oignon (pour 250 ml de sauce)

1 côtelette de porc (env. 175 g) · poivre noir du moulin · 1 c.s. d'huile · sel

1 c.s. de crème liquide · 1 c.s. de porto · 1 c.s. de ciboulette hachée

Pour 1 personne
Préparation : env. 20 mn
Env. 500 kcal

Côtelette, sauce aux champignons

- maigre
- végétarien
- au poisson
- raffiné
- entre amis
- rapide
- économique
- facile

1 Équeutez les champignons, lavez-les et émincez-les en tranches pas trop fines. Faites chauffer le beurre dans une petite casserole. Ajoutez les champignons et faites-les dorer sans cesser de remuer.

2 Ajoutez environ 200 ml d'eau et diluez la poudre de sauce à l'oignon à l'aide d'un fouet. Portez la sauce à ébullition et laissez-la mijoter à feu doux une dizaine de minutes.

3 Pendant ce temps, poivrez la viande des deux côtés. Faites chauffer l'huile dans une poêle et grillez la côtelette des deux côtés. Salez et laissez finir de cuire à feu modéré 5 minutes de plus sans oublier de la retourner.

4 Ajoutez la crème liquide et le porto dans la sauce et mélangez. Rectifiez l'assaisonnement et disposez la côtelette sur une assiette avant de la napper de sauce. Parsemez de ciboulette.

Suggestion

Vous pouvez remplacer la côtelette par 125 g de viande de porc coupée en dés que vous ferez bien griller. Ensuite, préparez les champignons et la sauce comme décrit puis ajoutez la viande dans la sauce. Excellent avec les pâtes !

Ingrédients

250 g de haricots verts · sel

1 oignon · 1 c.s. d'huile · 2 c.s. de noix de cajou (ou amandes effilées)

100 ml de sauce au curry (du commerce, en bocal)

100 g de crevettes cuites décortiquées

Pour 1 personne
Préparation : env. 30 mn
Env. 600 kcal

Curry de crevettes

1 Lavez les haricots verts, équeutez-les et coupez-les si vous le souhaitez. Plongez-les dans une casserole d'eau bouillante salée et laissez-les cuire de 6 à 7 minutes à découvert avant de les verser dans une passoire pour les égoutter.

2 Épluchez et émincez l'oignon. Faites chauffer l'huile dans une poêle et faites-y dorer les noix de cajou ou les amandes effilées, sans cesser de remuer. Retirez-les et réservez.

3 Mettez les oignons dans la poêle et faites-les blondir à feu modéré. Ajoutez les haricots et la sauce au curry et portez le tout à ébullition sans cesser de remuer. Ajoutez un peu d'eau si la sauce est trop épaisse.

4 Rincez les crevettes à l'eau froide dans une passoire et ajoutez-les dans les haricots. Mélangez bien le tout et portez rapidement à ébullition. Disposez sur une assiette et parsemez de noix de cajou.

Conseils

Conservez le bocal de sauce au curry bien refermé au réfrigérateur. Cette sauce est excellente pour donner une touche exotique aux steaks hachés ou aux escalopes.
Le riz basmati est idéal pour compléter cette recette. Portez une tasse d'eau salée et 50 g de riz basmati à ébullition et laissez cuire jusqu'à ce que tout le liquide soit absorbé (15 à 20 minutes) à feu doux.

- maigre −
- végétarien −
- au poisson +
- raffiné +
- entre amis −
- rapide −
- économique −
- facile +

Rumsteck aux agrumes

- maigre
- végétarien
- au poisson
- raffiné
- entre amis
- rapide
- économique
- facile

Ingrédients

1 petite orange · 1 petit pamplemousse

1 rumsteck (env. 150 g) · poivre noir du moulin · 1 c.s. d'huile · sel

1/2 c.c. de fécule · 2 c.s. de crème liquide · 1 c.c. de baies de poivre vert frais

quelques branches de mélisse citronnée ou, à défaut, de menthe

Pour 1 personne
Préparation : env. 30 mn
Env. 570 kcal

1 Épluchez l'orange et le pamplemousse très soigneusement en retirant toutes les peaux blanches. Séparez les quartiers les uns des autres en recueillant le jus dans une petite jatte.

2 Frottez la viande de poivre noir des deux côtés. Faites chauffer l'huile dans une poêle et faites-y griller le rumsteck à feu vif des deux côtés. Salez et prolongez la cuisson à feu modéré selon votre goût, de 1 à 3 minutes. Puis retirez la viande du feu et maintenez-la au chaud sous un couvercle.

3 Dans la jatte, battez le jus des fruits avec la fécule puis versez-le dans la poêle. Portez à ébullition pour déglacer. Ajoutez la crème liquide et les baies de poivre. Portez à nouveau à ébullition, puis laissez mijoter 1 à 2 minutes.

4 Lavez la mélisse, essuyez-la et détachez les feuilles. Hachez-les, mélangez-les dans la sauce puis salez et poivrez celle-ci. Ajoutez les quartiers de fruit pour les réchauffer et servez.

Conseil

Faites attention en détachant les quartiers des agrumes. Il faut retirer non seulement les peaux blanches du pourtour, mais aussi celles des cloisons intérieures car elles ont un goût amer.

Ingrédients

150 g d'escalope de dinde · sel · poivre noir du moulin
2 petites courgettes
2 c.s. d'huile d'olive
10 ml de bouillon de volaille (instantané) · $^{1}/_{2}$ à 1 c.c. de moutarde forte
4 à 5 c.s. d'emmental râpé

Pour 1 personne
Préparation : env. 30 mn
Env. 620 kcal

Brochette de dinde aux courgettes

1 Coupez la viande en morceaux de 2 à 3 cm de long. Salez et poivrez.

2 Lavez les courgettes, équeutez-les et coupez-les en rondelles de 2 cm d'épaisseur. Enfilez les rondelles de courgettes et les morceaux de dinde en alternance sur deux longues brochettes de bois.

3 Faites chauffer l'huile d'olive dans une poêle. Mettez-y les brochettes et, à feu modéré à fort, faites-les dorer de tous les côtés. Salez et poivrez et sortez-les de la poêle.

4 Versez le bouillon de volaille dans la poêle et mélangez la moutarde dedans. Remettez les brochettes dans la poêle et laissez-les mijoter une dizaine de minutes dans la sauce en les retournant à mi-cuisson.

5 Parsemez les brochettes d'emmental. Laissez fondre le fromage sous couvercle environ 3 minutes puis disposez les brochettes en sauce sur une assiette.

maigre ⊖
végétarien ⊖
au poisson ⊖
raffiné ⊕
entre amis ⊖
rapide ⊖
économique ⊕
facile ⊖

Conseil
Si vous êtes pressé(e), accompagnez ce plat de deux toasts de pain grillé.

Bœuf aux tagliatelles

- maigre
- végétarien
- au poisson
- raffiné
- entre amis
- rapide
- économique
- facile

Ingrédients

60 g de filet de bœuf · 100 g de brocoli

50 g de champignons de Paris · 1 gousse d'ail · $^1/_2$ échalote · 1 petit morceau de gingembre frais

1 c.s. d'huile · sel

$^1/_2$ c.c. de sauce de soja · 50 ml de bouillon de légumes · 1 p.d.c. de sucre

100 g de tagliatelles · poivre noir du moulin

Pour 1 personne
Préparation : env. 30 mn
Env. 520 kcal

Conseil
Le gingembre est indispensable dans beaucoup de recettes asiatiques. À l'achat, veillez à ce qu'il soit ferme et légèrement luisant. Vous le conserverez facilement emballé dans du film transparent au réfrigérateur.

Variante
Vous pouvez remplacer le filet de dinde par de l'escalope de poulet et le brocoli par un petit poivron. Relevez alors cette autre recette avec $^1/_4$ de c.c. de curry.

1 Coupez la viande en très fines lamelles de quelques centimètres de long. Équeutez le brocoli, détachez les bouquets et rincez-les avant de recouper les grosses tiges en bâtonnets.

2 Lavez et équeutez les champignons, essuyez-les avec du papier essuie-tout et émincez-les. Épluchez l'ail, l'échalote et le gingembre. Hachez l'échalote et le gingembre.

3 Dans une grande poêle, faites chauffer l'huile puis mettez l'échalote, le gingembre et l'ail que vous aurez écrasé au presse-ail. Ajoutez une pincée de sel et laissez revenir quelques minutes sans cesser de remuer. Ajoutez le brocoli et faites-le revenir rapidement.

4 Ajoutez la viande dans la poêle et laissez le tout griller légèrement de tous les côtés. Puis ajoutez les champignons, la sauce de soja, le bouillon de légumes et le sucre. Prolongez la cuisson quelques minutes sans cesser de remuer, à feu doux.

5 Pendant ce temps, faites cuire les tagliatelles dans une grande quantité d'eau bouillante salée, rincez-les, laissez-les bien égoutter et mélangez-les dans la poêle. Salez, poivrez et servez aussitôt.

Ingrédients

75 g de pois gourmands · 1 petite tête de chou-rave · 1 petite carotte · 1 oignon
1 c.s. d'huile
75 g de quinoa · sel · poivre noir du moulin
75 g de jambon blanc · 1 c.s. de persil haché

Pour 1 personne
Préparation : env. 30 mn
Env. 620 kcal

Quinoa aux légumes de printemps

- ⊕ maigre
- ⊖ végétarien
- ⊖ au poisson
- ⊖ raffiné
- ⊕ entre amis
- ⊖ rapide
- ⊕ économique
- ⊖ facile

1 Lavez les pois gourmands ; équeutez-les, enlevez les fils et coupez-les en deux. Équeutez la carotte et le chou, épluchez-les et coupez-les en dés. Épluchez et hachez l'oignon.

2 Faites chauffer 1/2 c.s. d'huile dans une poêle et ajoutez les dés de chou-rave et de carotte pour les faire revenir 4 minutes à feu doux tout en remuant. Ajoutez les pois gourmands, laissez revenir encore 1 minute puis retirez les légumes.

3 Faites chauffer le reste d'huile dans la poêle et mettez l'oignon à blondir dedans. Mélangez les graines de quinoa dans l'oignon et ajoutez 150 ml d'eau. Salez et poivrez et laissez cuire une dizaine de minutes à feu modéré et sous un couvercle.

4 Coupez le jambon en lamelles et mélangez-le dans la poêle ainsi que les légumes. Laissez cuire 5 minutes à couvert. Assaisonnez, parsemez de persil haché et servez aussitôt.

Quinoa
Cette céréale d'Amérique du Sud a une saveur de noisette ; c'est un aliment très sain. Vous pouvez le remplacer par du blé en grains que vous ferez cuire 15 minutes auparavant.

Mil aux cèpes et aux haricots

1 Mettez les cèpes dans une tasse et versez 50 ml d'eau chaude par-dessus. Laissez-les gonfler 10 minutes.

2 Épluchez et hachez l'oignon. Faites chauffer légèrement l'huile dans une poêle et faites-y blondir l'oignon.

3 Ajoutez le mil et mouillez avec le bouillon. Ajoutez les cèpes avec leur eau de trempage et faites cuire le tout à feu modéré une quinzaine de minutes.

4 Rincez les haricots à l'eau froide dans une passoire et ajoutez-les au mélange. Prolongez la cuisson de 5 minutes à couvert.

5 Salez et poivrez, parsemez-le de basilic et disposez sur une assiette.

Ingrédients

5 g de cèpes déshydratés

1 oignon · 1 c.s. d'huile

80 g de mil · 200 ml de bouillon de légumes (instantané)

1 petite boîte de haricots verts (140 g)

sel · poivre noir du moulin · 2 c.s. de basilic surgelé haché ou 1 c.s. de basilic sec

Pour 1 personne
Préparation : env. 30 mn
Env. 480 kcal

maigre +
végétarien +
au poisson −
raffiné −
entre amis +
rapide −
économique +
facile +

Suggestions

Ce plat au mil est également délicieux à la crème et au bleu : ajoutez 2 à 3 cuillerées à soupe de crème liquide ainsi que 50 g de fromage bleu juste avant la fin de la préparation et portez une dernière fois à ébullition.
Nous avons choisi le mil pour cette recette car il a le meilleur temps de cuisson et vous fera gagner du temps, mais vous pouvez le remplacer par du riz.

Gratin de pâtes au brocoli

- maigre
- végétarien
- au poisson
- raffiné
- entre amis
- rapide
- économique
- facile

Ingrédients

sel · 75 g de penne
300 g de brocoli
1 c.s. de beurre mou
1 petite boîte de thon (60 g) · 250 ml de sauce béchamel au fromage (du commerce) · 2 c.s. de pignons de pin

Pour 1 personne
Préparation : env. 15 mn
Cuisson : env. 20 mn
Env. 1 000 kcal

1 Dans une casserole, portez 1 litre d'eau salée à ébullition. Plongez-y les penne et faites-les cuire al dente selon les instructions de l'emballage.

2 Pendant ce temps, lavez le brocoli, équeutez-le et coupez-le en bouquets. Recoupez les tiges après les avoir épluchées et coupez-les en morceaux de la taille d'une bouchée. Portez un peu d'eau salée à ébullition dans une petite casserole et plongez le brocoli dedans quelques minutes à couvert.

3 Préchauffez le four à 225 °C (th. 7-8). Beurrez un petit plat à gratin (15 cm de long).

4 Dans une passoire, égouttez le thon, puis les pâtes et enfin le brocoli. Mélangez ensuite le tout et disposez dans le plat préparé. Arrosez de sauce et parsemez de pignons.

5 Enfournez le plat à mi-hauteur du four et faites gratiner une vingtaine de minutes pour que le dessus soit bien doré.

Variantes

Vous pouvez remplacer le thon par 75 g de jambon blanc en dés ou 60 g de dés de salami. Si vous aimez la cuisine végétarienne, remplacez le poisson par 75 g de tofu ou de fromage de brebis en dés.

Pignons de pin

Ces graines allongées de couleur jaune pâle sont les semences du pin parasol, une variété de pin qui pousse dans les régions méridionales et qui se couronne d'une large frondaison en forme de parasol. Seuls les arbres de plus de vingt ans donnent des pignons, ce qui explique leur prix élevé. Ils prennent beaucoup de saveur lorsqu'on les fait griller à la poêle ou, comme ici, au four.

Pâtes aux courgettes et au saumon fumé

- maigre
- végétarien
- au poisson
- raffiné
- entre amis
- rapide
- économique
- facile

Ingrédients

100 g de pâtes (sorte au choix) · sel

1/2 petit oignon rouge · 1 gousse d'ail · 150 g de courgettes

4 branches de basilic · 1/2 orange non traitée

50 g de fromage frais double crème · 2 c.s. de lait

poivre noir du moulin

50 g de saumon fumé en tranches

Pour 1 personne
Préparation : env. 30 mn
Env. 660 kcal

1 Faites cuire les pâtes selon les instructions de l'emballage dans une grande quantité d'eau salée.

2 Pendant ce temps, épluchez l'ail et l'oignon. Hachez l'ail et coupez l'oignon en tout petits dés. Lavez, équeutez et râpez les courgettes avec les gros trous de la râpe.

3 Lavez et essorez le basilic et séparez les feuilles des tiges pour les hacher. Lavez l'orange à l'eau chaude et râpez environ la moitié du zeste. Pressez le jus.

4 Dans une petite casserole, portez le fromage frais, le jus d'orange et le zeste à ébullition après les avoir bien mélangés. Ajoutez le lait, l'oignon, l'ail et les courgettes râpées ; portez à nouveau à ébullition et laissez mijoter 4 minutes.

5 Préparez l'assiette de service. Ajoutez le basilic à la sauce, salez et poivrez.

6 Égouttez les pâtes. Coupez le saumon en lamelles. Versez la sauce sur les pâtes et disposez le saumon par-dessus. Servez aussitôt.

Conseils

Pour transformer cette recette en plat végétarien, remplacez le saumon par 50 g de tomates séchées à l'huile d'olive. Égouttez les tomates et coupez-les en lamelles.

Pour conserver le basilic : après l'avoir lavé et séché, mettez les feuilles dans un sachet de congélation, fermez celui-ci et faites sortir l'air, puis gardez au réfrigérateur.

Ingrédients

sel · 300 g de gnocchis (au rayon frais)

3 tomates séchées à l'huile d'olive · 1 c.s. de beurre · 2 c.s. de pignons de pin

fines herbes surgelées (basilic ou mélange) · poivre noir du moulin

2 c.s. de fromage râpé (par ex. emmental)

Pour 1 personne
Préparation : env. 20 mn
Env. 800 kcal

Gnocchis aux fines herbes

1 Portez 3 litres d'eau salée à ébullition dans une casserole. Plongez les gnocchis dedans pour les faire cuire jusqu'à ce qu'ils remontent à la surface, puis versez-les dans une passoire et laissez-les bien égoutter.

2 Coupez les tomates en lamelles. Faites fondre le beurre dans une poêle pour faire griller légèrement les pignons dedans.

3 Ajoutez les gnocchis, les tomates et les fines herbes. Assaisonnez avec du sel et du poivre, et laissez cuire 5 minutes à feu modéré. Mélangez bien en cours de cuisson.

4 Parsemez les gnocchis de fromage. Couvrez la poêle et laissez le fromage fondre 2 minutes puis servez aussitôt.

Conseils

Si vous souhaitez que ce plat soit plus relevé, ajoutez 50 g de poitrine fumée ou de jambon en petits dés. Faites d'abord revenir ceux-ci dans le beurre puis ajoutez les Ingrédients selon la recette.
On trouve des gnocchis frais dans les magasins de produits italiens et au rayon frais des supermarchés.

maigre ⊖
végétarien ⊕
au poisson ⊖
raffiné ⊖
entre amis ⊖
rapide ⊕
économique ⊕
facile ⊕

Poêlée de pommes de terre

- maigre
- végétarien
- au poisson
- raffiné
- entre amis
- rapide
- économique
- facile

Ingrédients
50 g de petits pois surgelés · sel
80 g de champignons de Paris · 200 g de pommes de terre avec leur peau cuites de la veille
1/2 oignon rouge · 1 branche de marjolaine
50 g de bacon
1 c.s. de beurre
poivre noir du moulin

Pour 1 personne
Préparation : env. 30 mn
Env. 490 kcal

1 Faites cuire les petits pois 3 minutes dans de l'eau bouillante salée puis égouttez.

2 Rincez rapidement ou essuyez les champignons, puis équeutez-les. Pelez les pommes de terre.

3 Épluchez l'oignon et émincez-le en rondelles. Émincez les pommes de terre et les champignons. Lavez la marjolaine, essorez-la et détachez les feuilles.

4 Coupez le bacon en lamelles de 1 cm de large. Faites griller celles-ci dans une grande poêle, à feu modéré puis posez-les sur du papier absorbant.

5 Faites revenir les rondelles d'oignon dans la graisse chaude, ajoutez les champignons et faites-les griller. Retirez-les du feu et réservez. Mettez le beurre dans la poêle et faites sauter les pommes de terre de 5 à 10 minutes sans cesser de remuer.

6 Ajoutez les petits pois, le bacon, l'oignon et les champignons dans les pommes de terre et chauffez à nouveau rapidement. Salez et poivrez. Parsemez de marjolaine et servez.

Variante

Salade de pommes de terre : portez à ébullition 250 ml de bouillon de légumes avec 4 c.s. de vin blanc, sel et poivre. Ajoutez 2 c.s. d'huile d'olive et versez sur les pommes de terre. Faites griller le bacon, les champignons et l'oignon comme dans la recette décrite. Ajoutez les petits pois cuits et la marjolaine. Laissez reposer 30 minutes.

Oignon rouge

Il provient souvent d'Italie ou des pays de l'Est. Il a une peau fine et brillante rouge à violacée, sa saveur est moyennement forte et légèrement sucrée. Les oignons rouges ne se conservent pas très longtemps, les célibataires les achèteront par petites quantités à la fois.

Ingrédients

1 petit oignon · 1 petit poivron vert

150 g d'escalope de porc · 1 c.s. de beurre clarifié

$^{1}/_{4}$ à $^{1}/_{2}$ c.c. de paprika doux · 2 c.s. de concentré de tomate · 125 ml de bouillon de viande instantané · 100 g de choucroute crue · sel · poivre noir du moulin

2 c.s. de crème liquide additionnée de quelques gouttes de jus de citron

Pour 1 personne
Préparation : env. 50 mn
Env. 480 kcal

Goulasch à la hongroise

- maigre
- végétarien
- au poisson
- raffiné
- entre amis
- rapide
- économique
- facile

1 Épluchez et hachez l'oignon. Coupez le poivron en deux, équeutez-le, retirez les cloisons et les pépins puis rincez les moitiés, essuyez-les et découpez-les en lamelles fines.

2 Coupez la viande en morceaux de 1 à 2 cm. Faites chauffer le beurre clarifié dans une casserole et faites revenir la viande dedans à feu vif. Puis réduisez le feu, ajoutez les oignons et laissez dorer 1 minute. Ajoutez les lamelles de poivron et prolongez la cuisson de 2 minutes.

3 Parsemez de paprika et mélangez bien le tout. Ajoutez le concentré de tomate, le bouillon et la choucroute. Salez, poivrez et mélangez à nouveau. Laissez mijoter à couvert une trentaine de minutes à feu doux.

4 Rectifiez l'assaisonnement si nécessaire et disposez sur une assiette. Arrosez de crème.

Conseil
À l'autocuiseur, il ne faudra que 15 minutes de cuisson, mais toute la recette reste identique.

Mijotée de lentilles au lard

maigre ⊖
végétarien ⊖
au poisson ⊖
raffiné ⊖
entre amis ⊕
rapide ⊖
économique ⊕
facile ⊕

Ingrédients

60 g de poitrine fumée · 1 c.c. d'huile · 1 à 2 c.c. de curry · 300 ml de bouillon de volaille instantané

65 g de lentilles roses · 150 g de légumes surgelés mélangés (par ex. chou-fleur, carottes et courgettes)

sel · poivre noir du moulin

Pour 1 personne
Préparation : env. 30 mn
Env. 700 kcal

1 Retirez la couenne et les cartilages du lard et coupez-le en dés. Faites chauffer l'huile dans une casserole et faites griller les lardons dedans. Ajoutez le curry et mélangez. Mouillez avec le bouillon.

2 Ajoutez les lentilles et faites cuire 5 minutes à feu doux sous un couvercle. Ajoutez les légumes, portez à ébullition et prolongez la cuisson à couvert d'encore 5 minutes à feu doux.

3 Salez et poivrez et servez sur une assiette.

Conseils

On trouve de la poitrine fumée ou des lardons emballés en barquettes de plastique faciles à conserver plusieurs semaines au réfrigérateur.
Il est facile de congeler la poitrine fumée : coupez-la en petits dés et disposez-les sur une planche avant de les mettre au congélateur. Puis mettez les lardons congelés dans une boîte : ils ne restent pas collés les uns aux autres.
Si vous congelez les tranches de poitrine fumée entières, il sera plus facile de couper des lardons très petits.

Festin du pêcheur

- maigre
- végétarien
- au poisson
- raffiné
- entre amis
- rapide
- économique
- facile

Ingrédients
200 g de filet de saumon de mer · 1 c.s. de jus de citron · sel · poivre noir du moulin
150 g de pommes de terre cuites la veille avec leur peau · 1 c.s. de beurre clarifié
1 c.s. de farine
1 c.s. d'huile
50 g de crème fleurette · 1 c.c. de moutarde moyennement forte · 100 g de petits pois surgelés
1/4 de bouquet de cresson

Pour 1 personne
Préparation : env. 30 mn
Env. 600 kcal

1 Retirez les arêtes du saumon, rincez-le, tamponnez-le avec du papier absorbant et coupez-le en morceaux. Arrosez le poisson de jus de citron, salez-le et poivrez-le, puis réservez.

2 Pelez et coupez les pommes de terre en dés. Faites chauffer le beurre clarifié dans une poêle et faites sauter les pommes de terre dedans à feu modéré, puis retirez-les du feu.

3 Mettez la farine dans une assiette creuse et retournez les morceaux de saumon dedans les uns après les autres.

4 Faites chauffer l'huile dans une poêle. Faites griller les morceaux de poisson farinés en les retournant avec précaution jusqu'à ce qu'ils soient bien dorés.

5 Dans une casserole, portez la crème, la moutarde et les petits pois à ébullition puis versez cette sauce sur le poisson et mélangez. Ajoutez ensuite les pommes de terre et mélangez sans écraser.

6 Coupez le cresson. Rincez-le soigneusement dans une passoire, essorez-le et parsemez-en le saumon.

Conseil
Vous pouvez doubler les proportions de cette recette. Le lendemain, mettez le reste dans un plat à gratin, couvrez de quelques tranches fines de fromage et enfournez une vingtaine de minutes à 180 °C (th. 6).

Ingrédients

3 c.s. de farine · 2 œufs · sel · poivre noir du moulin · 50 g de cabanossi (ou de salami)

1 c.s. d'huile d'olive

2 c.s. de concentré de tomate · 1/2 c.c. d'origan

60 g de mozzarella

Pour 1 personne
Préparation : env. 30 mn
Env. 780 kcal

Crêpe-pizza

1 Dans une jatte, battez la farine et les œufs à l'aide d'un fouet à main ou électrique. Salez et poivrez cette pâte à crêpes. Retirez la peau du cabanossi si vous le souhaitez et coupez-le en tranches de 1/2 cm d'épaisseur.

2 Faites chauffer doucement l'huile dans une poêle. Posez le cabanossi dedans, faites-le revenir rapidement, retournez-le et espacez les tranches les unes des autres dans la poêle.

3 Versez la pâte à crêpes délicatement dans la poêle en veillant à maintenir le même espacement entre les tranches de cabanossi.

4 Faites dorer environ 3 minutes à feu modéré, puis retirez la poêle du feu et retournez délicatement la crêpe à l'aide d'une grande spatule ou d'une assiette.

5 Répartissez le concentré de tomate sur la crêpe ; parsemez d'origan et de poivre. Faites égoutter la mozzarella, coupez-la en tranches et disposez celles-ci sur le dessus de la crêpe.

6 Remettez la poêle sur le feu avec un couvercle. Prolongez la cuisson de 3 à 4 minutes à feu doux avant de servir.

- maigre ⊖
- végétarien ⊖
- au poisson ⊖
- raffiné ⊖
- entre amis ⊕
- rapide ⊖
- économique ⊕
- facile ⊕

Conseil

Vous pouvez remplacer la charcuterie par une petite boîte de thon (60 g) ou un petit bocal de moules (90 g). Ni le thon ni les moules ne doreront, aussi pouvez-vous verser la pâte à crêpes directement dessus.

Asperges au jambon

- ⊕ maigre
- ⊖ végétarien
- ⊖ au poisson
- ⊕ raffiné
- ⊖ entre amis
- ⊖ rapide
- ⊖ économique
- ⊖ facile

Ingrédients

500 g d'asperges blanches · sel · 1/2 c.c. de sucre · 1/2 c.c. de beurre

1 œuf

2 c.s. de jus de citron · 1/2 c.c. de moutarde forte · 1 c.c. de ciboulette ciselée · 1 c.c. de persil haché · 1 c.s. d'aneth haché · 2 c.s. d'huile · poivre noir du moulin

50 g de jambon en fines tranches

Pour 1 personne
Préparation : env. 45 mn
Env. 490 kcal

1 Lavez les asperges, équeutez-les et épluchez-les sur les 2/3 de leur longueur. Dans une grande casserole ou un faitout haut, portez 250 ml d'eau salée à ébullition et ajoutez le beurre et le sucre.

2 Plongez les asperges dans l'eau bouillante et faites-les cuire durant 10 à 20 minutes selon la grosseur des tiges, à feu modéré. Pendant ce temps, piquez l'œuf et faites-le durcir à l'eau bouillante pendant 8 minutes puis plongez-le dans l'eau froide.

3 À l'aide d'un fouet, battez le jus de citron, l'huile, la moutarde et les fines herbes. Écalez l'œuf, coupez-le en tout petits morceaux et mélangez-le dans la sauce. Assaisonnez avec du sel et du poivre.

4 Retirez les asperges du feu, égouttez-les bien et servez-les avec le jambon et la sauce.

Conseils

Pour éplucher les asperges, le plus commode est d'utiliser un couteau économe. La lame spéciale de ce couteau permet de faire des épluchures très fines et d'avoir le minimum de déchet.

Il faut toujours éplucher les asperges blanches. Plus leur tige est longue et grosse, plus la peau est dure, et donc plus il faut les éplucher avec soin. Les peaux dures de l'asperge cuite étant très désagréables dans l'assiette, il vaut mieux en ôter plus que pas assez pour éliminer toute l'enveloppe dure de ce légume.

Vous pourrez vous faciliter ce travail et achetant des asperges vertes plutôt que des blanches. Pour les vertes, il suffit de couper le bout et on peut même faire cuire celles dont la tige est fine sans les éplucher du tout.

Ingrédients

1 petite carotte · 1 petit poireau · 1 petite courgette

2 c.s. de beurre

3 œufs · 3 c.s. de lait · sel · poivre noir du moulin · paprika doux · 2 c.s. de ciboulette ciselée

Pour 1 personne
Préparation : env. 30 mn
Env. 650 kcal

Omelette aux légumes

- maigre (+)
- végétarien (+)
- au poisson (−)
- raffiné (−)
- entre amis (+)
- rapide (−)
- économique (+)
- facile (−)

1 Épluchez et lavez la carotte. Équeutez le poireau, coupez-le en deux dans la longueur et rincez-le abondamment. Lavez et équeutez la courgette. Coupez tous ces légumes en petits dés.

2 Faites chauffer le beurre dans une poêle, versez les légumes dedans et faites-les cuire à feu doux une dizaine de minutes tout en remuant régulièrement.

3 Dans une jatte, battez les œufs et le lait au fouet, puis ajoutez le sel, le poivre, le paprika et la ciboulette.

4 Versez ce mélange sur les légumes. Faites cuire l'omelette 5 minutes environ à feu doux, sous un couvercle.

5 L'omelette est cuite quand il n'y a presque plus d'œuf liquide sur le dessus. Pliez alors l'omelette en deux et servez-la sur une assiette.

Suggestion

Il est également possible de faire cette omelette avec des légumes surgelés. Il vous faudra alors 200 g de mélange de légumes coupés en petits morceaux, à mettre directement dans la poêle. Celle-ci ne doit pas trop chauffer sous peine de voir les légumes brûler. Si vos légumes ne sont pas coupés assez petits, il faudra les faire dégeler avant de pouvoir les recouper.

Ingrédients

1 petite aubergine · 1 petite courgette · 1 petit poivron rouge · 3 oignons nouveaux

1 c.s. d'huile · 1 petite gousse d'ail

75 ml de bouillon de légumes (instantané) · 2 c.s. de ketchup · 1/2 à 1 c.c. de thym · sel · poivre noir du moulin

75 g de fromage de brebis · 2 œufs

Pour 1 personne
Préparation : env. 45 mn

Œufs en nids de légumes

1 Lavez et épluchez l'aubergine et la courgette. Coupez le poivron en deux, équeutez-le, épépinez-le et ôtez les cloisons intérieures. Lavez ces deux moitiés. Lavez les oignons. Coupez tous ces légumes en petits dés ou en rondelles.

2 Faites chauffer l'huile dans une poêle, mais pas trop fort. Épluchez l'ail et passez-le au presse-ail au-dessus de la poêle. Puis ajoutez les légumes et faites-les sauter rapidement sans cesser de remuer.

3 Mouillez avec le bouillon, ajoutez le ketchup puis le thym et assaisonnez avec le sel et le poivre. Mélangez bien. Prolongez la cuisson à feu doux d'une dizaine de minutes tout en remuant.

4 Pendant ce temps, coupez le fromage de brebis en petits dés. Dans la poêle, pratiquez deux « puits » au milieu des légumes à l'aide d'une cuillère et cassez un œuf dans chaque trou. Parsemez le dessus de petits dés de fromage, posez un couvercle sur la poêle et terminez par 5 minutes de cuisson à feu doux pour faire cuire les œufs.

5 Disposez délicatement le tout sur une assiette et servez aussitôt.

maigre ⊖
végétarien ⊕
au poisson ⊖
raffiné ⊖
entre amis ⊕
rapide ⊖
économique ⊖
facile ⊕

Risotto du célibataire

- maigre
- végétarien
- au poisson
- raffiné
- entre amis
- rapide
- économique
- facile

Ingrédients
1 oignon · 1 gousse d'ail · 1 c.s. d'huile
80 g de riz long grain · 200 ml de bouillon de légumes (instantané)
1 petite boîte de haricots rouges (130 g env.) · 1 petite boîte de corned-beef (125 g)
sel · poivre noir du moulin · 2 c.s. de ciboulette ciselée

Pour 1 personne
Préparation : env. 30 mn
Env. 900 kcal

1 Épluchez l'ail et l'oignon. Hachez grossièrement l'oignon. Faites chauffer l'huile dans une petite poêle pour le faire dorer. Passez l'ail au presse-ail et ajoutez-le.

2 Versez le riz dans la poêle et mélangez-le un instant dans la matière grasse et les oignons. Ajoutez le bouillon et portez à ébullition. Laissez cuire le riz une quinzaine de minutes à feu doux sous un couvercle.

3 Égouttez les haricots rouges dans une passoire et rincez-les à l'eau froide. Coupez le corned-beef en petits cubes.

4 Mélangez le corned-beef et les haricots rouges au riz et prolongez la cuisson de 5 minutes à feu doux.

5 Salez et poivrez, disposez sur l'assiette de service et parsemez de ciboulette.

Suggestions

Avec ce risotto, vous apprécierez certainement cette salade de courgette pleine de vitamines : battez ensemble 1 c.s. de vinaigre balsamique, du sel, du poivre, 2 à 3 c.s. d'huile d'olive et 1 petite courgette lavée et équeutée puis râpée ou coupée en tranches fines à la mandoline. Mélangez la courgette dans la vinaigrette et laissez reposer dix minutes.
La charcuterie en conserve est une ressource pratique pour les célibataires car elle se conserve des mois. Et cette recette vous prouve bien que la charcuterie peut se manger autrement que sur du pain !

Ingrédients

50 g de jambon · 1 oignon
1 c.s. de beurre
1 sachet surgelé de riz aux légumes (300 g)
sel · poivre noir du moulin
50 g de fromage bleu

Pour 1 personne
Préparation : env. 20 mn
Env. 670 kcal

Riz aux légumes et au fromage bleu

1 Coupez le jambon en dés. Épluchez et hachez grossièrement l'oignon.

2 Faites chauffer 1/2 c.s. de beurre dans une poêle pour y faire revenir rapidement le jambon. Puis retirez le jambon de la poêle et réservez-le.

3 Mettez le reste de beurre dans la poêle et faites-y dorer l'oignon. Ajoutez le mélange de riz aux légumes et prolongez la cuisson de 7 à 10 minutes à feu modéré à fort, sans cesser de remuer.

4 Remettez le jambon dans la poêle, mélangez le tout et rectifiez l'assaisonnement avec du sel et du poivre.

5 Coupez le fromage en petits cubes et ajoutez-le à la poêlée. Laissez-le fondre encore 1 à 2 minutes à couvert, à feu doux.

- maigre −
- végétarien −
- au poisson −
- raffiné −
- entre amis +
- rapide +
- économique +
- facile +

Crêpe aux amandes

En haut : crêpe aux amandes
En bas : soupe de brocoli à la crêpe

- maigre
- végétarien
- au poisson
- raffiné
- entre amis
- rapide
- économique
- facile

Ingrédients

2 petits œufs · 2 à 3 c.s. de farine · 5 c.s. de lait · sel (pour 2 fois, doubler chaque ingrédient)

1 petit poireau

1 c.s. d'huile · 2 c.s. d'amandes effilées

100 g de bœuf haché · 100 ml de vin rouge ou d'eau · sel · poivre noir du moulin · paprika doux

1 c.s. de beurre (1 aussi pour 2 fois)

Pour 1 personne
Préparation : env. 30 mn
Env. 880 kcal

1 Dans une jatte, battez les œufs, le lait, la farine et une pincée de sel. Laissez reposer 10 minutes.

2 Équeutez le poireau, coupez-le en deux et lavez-le soigneusement avant de l'essorer. Recoupez-le en julienne.

3 Faites chauffer l'huile dans une casserole pour y faire revenir légèrement le blanc des poireaux. Ajoutez les amandes et faites griller.

4 Ajoutez la viande hachée et faites griller à feu modéré sans cesser de remuer. Mouillez avec le vin rouge ou l'eau. Ajoutez le vert des poireaux, salez, poivrez et saupoudrez de paprika. Laissez mijoter une quinzaine de minutes à feu doux.

5 Faites chauffer le beurre dans une poêle, puis versez-y la moitié de la pâte et faites dorer deux crêpes de chaque côté à feu doux. Réservez la deuxième crêpe au frais pour la recette du lendemain.

6 Assaisonnez la viande hachée, répartissez-la sur une moitié de la crêpe, pliez celle-ci en deux et dégustez aussitôt.

Soupe de brocoli à la crêpe

Recette du lendemain

- maigre
- végétarien
- au poisson
- raffiné
- entre amis
- rapide
- économique
- facile

Ingrédients

300 g de brocoli · 400 ml de bouillon de légumes (instantané)

crêpe de la veille (voir recette ci-dessus)

sel · poivre noir du moulin · 1 pincée de noix muscade

Pour 1 personne
Préparation : env. 20 mn
Env. 570 kcal

1 Lavez et équeutez le brocoli. Épluchez les tiges et coupez-les en petits morceaux. Divisez les bouquets. Portez le bouillon à ébullition dans une casserole et plongez-y le brocoli pour 5 minutes de cuisson.

2 Sortez la crêpe de la veille du réfrigérateur (voir la recette ci-dessus), déroulez-la et coupez-la en petites bandelettes.

3 Ajoutez les morceaux de crêpe au brocoli et prolongez la cuisson de 3 à 4 minutes. Salez, poivrez et ajoutez une pincée de noix muscade avant de déguster bien chaud.

Ingrédients

150 g de pommes de terre farineuses + 100 g pour la recette du lendemain · 250 ml de bouillon de légumes ou de volaille (instantané) + 150 ml pour la recette du lendemain

1 c.s. de crème liquide (+ 1 c.s. pour la recette du lendemain) · sel · poivre blanc du moulin · coriandre moulue

3 oignons nouveaux

2 à 3 tranches de saumon fumé

Pour 1 personne
Préparation : env. 30 mn
Env. 300 kcal

Soupe au saumon

- ⊕ maigre
- ⊖ végétarien
- ⊕ au poisson
- ⊖ raffiné
- ⊕ entre amis
- ⊖ rapide
- ⊖ économique
- ⊕ facile

1 Pelez les pommes de terre, rincez-les et coupez-les en cubes de 1 cm de côté. Dans une casserole, portez le bouillon à ébullition puis plongez-y les pommes de terre et laissez cuire à couvert une quinzaine de minutes à feu doux.

2 Passez les pommes de terre avec leur bouillon au presse-purée ou au mixeur. Portez à nouveau cette soupe à ébullition et ajoutez la crème liquide. Salez, poivrez, ajoutez la coriandre. Après refroidissement, réservez environ un tiers de cette soupe dans une boîte hermétique au réfrigérateur pour la deuxième recette.

3 Équeutez les oignons blancs, rincez-les et émincez-les en rondelles coupées en biais. Ajoutez-les dans la soupe et laissez mijoter 5 minutes à couvert et à feu modéré.

4 Coupez le saumon en lamelles. Versez la soupe dans une assiette creuse et décorez de saumon. Vous pouvez ajouter du poivre si vous voulez.

Variantes

Vous pouvez remplacer le saumon fumé par 2 à 3 c.s. de crevettes grises décortiquées.
Si vous n'aimez pas le poisson ni les crustacés, émincez 3 à 4 champignons de Paris et faites-les dorer au beurre pour en garnir la soupe.

Escalope aux lentilles

Recette du lendemain

Ingrédients

1 oignon · 3 c.s. d'huile · 1 c.c. de curry · la soupe de pommes de terre réservée la veille (voir recette ci-contre) · 3 c.s. de lentilles roses

1 escalope de porc (150 g environ)

1 banane · sel · poivre noir du moulin

Pour 1 personne
Préparation : env. 30 mn
Env. 650 kcal

maigre ⊖
végétarien ⊖
au poisson ⊖
raffiné ⊖
entre amis ⊖
rapide ⊖
économique ⊕
facile ⊕

1 Épluchez et hachez l'oignon. Faites chauffer 1 c.s. d'huile dans une poêle pour y faire blondir l'oignon. Ajoutez le curry et, après un court instant, sans cesser de remuer, ajoutez la soupe froide. Puis ajoutez les lentilles dans la casserole et prolongez la cuisson de 5 minutes à feu modéré afin que le mélange devienne crémeux.

2 Pendant ce temps, poivrez l'escalope des deux côtés. Faites chauffer 1 ou 2 c.s. d'huile dans une poêle et faites-y griller l'escalope des deux côtés, à feu fort d'abord puis en réduisant la chaleur pour prolonger la cuisson 3 minutes des deux côtés.

3 Pendant ce temps, épluchez la banane, coupez-la en deux et faites-la rapidement griller dans la poêle. Salez l'escalope, salez et poivrez la sauce et servez tout ensemble.

Suggestion
Vous pouvez également paner l'escalope. Passez-la d'abord dans la farine, puis dans des œufs battus et enfin dans de la chapelure.

Ingrédients

150 g de filet de cabillaud · 1 c.s. de jus de citron · sel · poivre noir du moulin
1 poireau (le double pour la recette du lendemain)
1 c.s. de beurre
60 g de tagliatelles (le double pour la recette du lendemain)
1 tomate · 2 c.s. d'emmental râpé

Pour 1 personne
Préparation : env. 30 mn
Env. 620 kcal

Cabillaud grillé et pâtes au poireau

- maigre
- végétarien
- au poisson
- raffiné
- entre amis
- rapide
- économique
- facile

1 Arrosez le poisson de jus de citron, salez-le et poivrez-le et réservez-le au frais.

2 Équeutez le poireau, coupez-le en deux en longueur et lavez-le. Coupez-le ensuite en tronçons de 10 cm de long, puis recoupez ceux-ci en fines lamelles.

3 Faites chauffer le beurre dans une poêle pour y faire dorer le poisson des deux côtés, 6 minutes à feu modéré.

4 Pendant ce temps, faites cuire les tagliatelles dans une grande quantité d'eau salée.

5 Lavez la tomate, retirez son pédoncule dur et coupez-la en tranches. Posez celles-ci sur le poisson, salez, poivrez et parsemez de fromage râpé. Prolongez la cuisson 3 minutes à couvert pour faire fondre le fromage.

6 1 minute avant la fin de la cuisson des tagliatelles, ajoutez le poireau dans la casserole pour qu'il cuise en même temps. Puis versez le tout dans une passoire, laissez égoutter (si vous avez doublé les proportions pour le lendemain, réservez la moitié au réfrigérateur après refroidissement) et servez sur le cabillaud grillé.

Ingrédients

100 g de jambon blanc (1 tranche épaisse) · 1 oignon · 1 c.s. de beurre · tagliatelles et poireau de la veille (voir recette ci-contre)

50 g de fromage bleu (gorgonzola, roquefort) · poivre noir du moulin

Pour 1 personne
Préparation : env. 20 mn
Env. 690 kcal

Tagliatelles au jambon

Recette du lendemain

1 Coupez le jambon en dés. Épluchez et hachez l'oignon. Faites chauffer le beurre dans une poêle pour faire dorer l'oignon. Ajoutez ensuite les dés de jambon et faites-les griller. Pour finir, ajoutez les tagliatelles et les poireaux de la veille.

2 Mélangez bien le tout et prolongez la cuisson de 3 minutes à feu modéré.

3 Pour terminer, ajoutez le fromage bleu émietté et parsemez de poivre. La chaleur des pâtes doit faire légèrement fondre le fromage.

maigre ⊖
végétarien ⊖
au poisson ⊖
raffiné ⊖
entre amis ⊖
rapide ⊕
économique ⊕
facile ⊕

Conseil
Si votre poêle a un couvercle à sa taille, couvez-la dès que vous avez ajouté le fromage. Celui-ci sera à point 1 minute plus tard.

Champignons à la crème et purée

En haut : champignons à la crème et purée
En bas : filet mignon au gratin

- maigre
- végétarien
- au poisson
- raffiné
- entre amis
- rapide
- économique
- facile

Ingrédients

100 g de chanterelles · 100 g de champignons bruns · 1/2 bouquet de persil plat · 1 petit oignon

1 c.s. de beurre · 2 c.c. de farine · 75 g de crème liquide · sel · poivre noir du moulin · 1 ou 2 c.s. de sherry sec selon le goût

1 part de purée de pommes de terre (le double pour la recette du lendemain)

1 petite tomate

Pour 1 personne
Préparation : env. 45 mn
Env. 700 kcal

1 Équeutez les champignons et émincez-les. Lavez le persil et hachez les feuilles. Épluchez et hachez l'oignon.

2 Faites chauffer le beurre dans une poêle pour faire revenir l'oignon dedans. Ajoutez les champignons et, sans cesser de remuer, faites-les sauter 5 minutes à feu moyen. Mélangez bien la farine et la crème, ajoutez-les aux champignons et prolongez la cuisson à feu fort. Ajoutez le persil et assaisonnez avec du sel, du poivre et, selon votre goût, du sherry. Laissez mijoter 3 minutes à feu doux sous un couvercle.

3 Préparez la purée selon les instructions de l'emballage et réservez-en la moitié pour le lendemain, au réfrigérateur.

4 Lavez la tomate, coupez-la en quatre, retirez le pédoncule dur et les pépins puis recoupez la chair en dés et mélangez-la dans les champignons à la crème. Disposez sur une assiette et accompagnez de purée.

Filet mignon au gratin

Recette du lendemain

- maigre
- végétarien
- au poisson
- raffiné
- entre amis
- rapide
- économique
- facile

Ingrédients

1 courgette · 2 tranches de filet mignon de porc (80 g) · poivre noir du moulin

1 c.s. d'huile · sel

purée de la veille (voir recette ci-dessus) · 40 g de fromage bleu

Pour 1 personne
Préparation : env. 30 mn
Cuisson : env. 20 mn
Env. 840 kcal

1 Préchauffez le four à 200 °C (th. 6-7). Lavez la courgette, équeutez-la et râpez-la grossièrement. Poivrez le filet mignon.

2 Faites chauffer l'huile dans une poêle pour faire griller les tranches de porc, des deux côtés, à feu fort. Puis réduisez la chaleur, salez la viande et prolongez la cuisson de 5 minutes.

3 Retirez la viande de la poêle et versez-y la courgette râpée. Faites sauter, salez et poivrez. Mettez les légumes dans un plat à gratin et posez les tranches de viande dessus.

4 À l'aide d'une cuillère mouillée, formez des quenelles de purée que vous posez par-dessus les autres ingrédients. Parsemez le dessus de fromage bleu émietté. Enfournez à mi-hauteur et laissez gratiner une quinzaine de minutes.

Risotto au poulet et parmesan

- ⊕ maigre
- ⊖ végétarien
- ⊖ au poisson
- ⊖ raffiné
- ⊕ entre amis
- ⊖ rapide
- ⊕ économique
- ⊖ facile

Ingrédients

125 g d'escalope de poulet · poivre noir du moulin · 2 c.s. d'huile · sel

100 g de riz pour risotto · 150 ml de bouillon de volaille (instantané) · 100 ml de vin blanc sec (doubler les quantités de tous ces ingrédients pour la recette du lendemain)

1 petit poireau

2 c.s. de parmesan frais râpé

Pour 1 personne
Préparation : env. 40 mn
Env. 800 kcal

1 Coupez l'escalope en lamelles et poivrez-la copieusement. Faites chauffer l'huile dans une poêle pour y faire griller la viande à feu vif, en la retournant sans cesse. Salez-la quand elle est bien dorée et retirez-la de la poêle.

2 Réduisez la chaleur. Ajoutez le riz et remuez-le en tous sens pour le faire devenir translucide. Mélangez le bouillon et le vin et versez-en un tiers sur le riz. Laissez celui-ci cuire à feu doux sous un couvercle jusqu'à absorption de tout le liquide. Versez ensuite à nouveau du liquide et laissez gonfler sans cesser de remuer afin que le risotto devienne moelleux sans que le riz soit trop cuit. Continuez à bien remuer.

3 Pendant ce temps, équeutez le poireau, coupez-le en deux en longueur, lavez-le soigneusement. Coupez-le en rondelles de $^1/_2$ cm de large.

4 Cinq minutes avant la fin de la cuisson du riz, retirez-en environ la moitié de la poêle et réservez-le au frais une fois refroidi. Ajoutez le poireau et la viande dans la poêle, mélangez et terminez la cuisson à couvert. Salez et poivrez ce risotto au poulet et servez-le sur une assiette. Pour finir, parsemez de fromage râpé.

Ingrédients

2 œufs · riz de la veille (voir recette ci-contre) · 2 c.s. de mélange de fines herbes hachées · sel · poivre noir du moulin

3 c.s. de beurre

Pour 1 personne
Préparation : env. 20 mn
Env. 550 kcal

Croquettes de riz

Recette du lendemain

1 Dans une jatte, battez les œufs puis ajoutez le riz et les fines herbes. Mélangez. Salez et poivrez.

2 Mouillez-vous les mains et formez 5 grosses croquettes de ce mélange.

3 Dans une poêle antiadhésive, faites chauffer le beurre et, à feu modéré, faites dorer les croquettes de tous côtés.

Conseil
Vous pouvez accompagner ces croquettes de compote de pommes ou d'airelles et de carottes.

- maigre ⊖
- végétarien ⊕
- au poisson ⊖
- raffiné ⊖
- entre amis ⊖
- rapide ⊕
- économique ⊕
- facile ⊖

Riz à risotto
Sous l'appellation riz à risotto se cache une variété spéciale de riz à grain mi-long. Il libère de l'amidon à la cuisson, ce qui le rend moelleux et lui permet de garder du croquant. Les variétés arborio, avorio et vialone se trouvent dans les épiceries fines, mais aussi dans certains supermarchés.

Cuisses de poulet aux carottes

En haut : cuisses de poulet aux carottes
En bas : salade de poulet

- maigre
- végétarien
- au poisson
- raffiné
- entre amis
- rapide
- **économique**
- facile

Ingrédients

2 cuisses de poulet (le double pour 2 recettes) · sel · poivre noir du moulin

2 c.s. d'huile (+ 1 pour la recette du lendemain) · 1 c.c. de thym (+ 1 pour la recette du lendemain)

250 g de carottes

1 c.c. de beurre · 1 c.c. de miel

Pour 1 personne
Préparation : env. 40 mn
Env. 620 kcal

1 Frottez la viande de sel et de poivre sur tous les côtés.

2 Faites chauffer l'huile dans une poêle pour faire griller les cuisses de poulet de tous les côtés, à feu fort. Parsemez de thym, prolongez la cuisson 20 minutes environ en retournant la viande régulièrement. Si vous avez préparé une double proportion, réservez 2 cuisses de poulet au frais pour le lendemain.

3 Pendant ce temps, lavez les carottes, épluchez-les et coupez-les en bâtonnets.

4 Faites chauffer le beurre dans une casserole. Ajoutez le miel, mélangez et ajoutez les carottes. Mouillez avec 3 c.s. d'eau, salez et poivrez et laissez cuire à couvert une dizaine de minutes à feu doux. Agitez régulièrement la casserole pendant la cuisson.

5 Assaisonnez les légumes et servez-les avec les cuisses de poulet.

Salade de poulet

Recette du lendemain

- maigre
- végétarien
- au poisson
- raffiné
- **entre amis**
- rapide
- **économique**
- **facile**

Ingrédients

cuisses de poulet de la veille (voir recette ci-dessus)

50 g de petites pâtes (coquillettes par ex.) · sel · 100 g de petits pois (surgelés ou en conserve)

100 g de yaourt · 1 à 2 c.s. de mayonnaise · poivre noir du moulin · 3 à 4 c.s. de ciboulette ciselée · 2 à 3 c.s. de persil

1 petite pomme · 1 c.s. de jus de citron

Pour 1 personne
Préparation : env. 30 mn
Env. 760 kcal

1 Sortez les cuisses de poulet du réfrigérateur. Retirez la peau et les os puis coupez la chair en cubes.

2 Faites cuire les pâtes dans une grande quantité d'eau salée. Versez-les dans une passoire et rincez-les à l'eau froide afin de stopper la cuisson. Mélangez les pâtes, les cubes de viande et les petits pois.

3 Pour la sauce, mélangez le yaourt, la mayonnaise, la ciboulette et le persil. Salez et poivrez.

4 Versez la sauce sur les ingrédients de votre salade et mélangez bien le tout. Épluchez et épépinez la pomme puis coupez-la en petits cubes. Arrosez-les de jus de citron et mélangez-les dans la salade, ce qui lui ajoutera une touche de fraîcheur.

Ingrédients

1 courgette · 1/2 aubergine · 1/2 poivron jaune (doubler toutes ces quantités pour la recette du lendemain)

400 ml de bouillon de légumes (instantané) (+ 200 g pour la recette du lendemain) · 50 g de riz long grain (le double pour la recette du lendemain)

1 à 2 gendarmes (75 g environ) · 1 oignon · 1 c.s. d'huile

sel · poivre noir du moulin · paprika doux

Pour 1 personne
Préparation : env. 30 mn
Env. 750 kcal

Cassolette de légumes au riz

- maigre
- végétarien
- au poisson
- raffiné
- entre amis
- rapide
- économique
- facile

1 Lavez, épluchez et coupez la courgette, l'aubergine et le poivron en dés.

2 Dans une casserole, portez le bouillon à ébullition pour y plonger le riz et le faire cuire à feu modéré. Au bout de dix minutes environ, ajoutez les dés de légumes et prolongez la cuisson d'encore dix minutes à couvert et à feu doux, en remuant de temps en temps.

3 Retirez la peau des gendarmes et coupez-les en rondelles. Épluchez et coupez l'oignon en rondelles. Faites chauffer l'huile dans une poêle pour faire y griller les gendarmes. Puis ajoutez les rondelles d'oignon et faites-les dorer.

4 Salez, poivrez et ajoutez du paprika selon le goût.

5 Si vous avez fait une double quantité de riz aux légumes pour le lendemain, réservez-en la moitié ainsi qu'un tiers du bouillon au réfrigérateur. Servez le reste des légumes accompagné de gendarmes grillés et d'oignons.

Conseil
Si vous souhaitez transformer cette recette en plat végétarien, remplacez les gendarmes par 2 c.s. de parmesan frais râpé parsemé sur le riz aux légumes, ou par 2 à 3 c.s. de feta émiettée mélangée dans le riz.

Curry de bœuf aux légumes

Recette du lendemain

Ingrédients

150 g de filet de bœuf · 1 oignon · 1 c.s. d'huile

1 petite gousse d'ail · $^1/_2$ à 1 c.c. de curry · 1 c.c. de farine · mélange de riz aux légumes et bouillon de la veille (voir recette ci-contre)

sel · poivre noir du moulin · un peu de gingembre en poudre

maigre +
végétarien –
au poisson –
raffiné +
entre amis –
rapide +
économique –
facile +

Pour 1 personne
Préparation : env. 15 mn
Env. 570 kcal

1 Coupez la viande en lamelles. Épluchez et hachez l'oignon. Faites chauffer l'huile dans une poêle pour y faire revenir la viande de tous les côtés à feu vif. Puis retirez-la de la poêle, versez l'oignon à la place et faites-le blondir à feu doux.

2 Pendant ce temps, épluchez et passez l'ail au presse-ail sur l'oignon. Ajoutez le curry et la farine et chauffez fort un instant. Versez le bouillon et le riz aux légumes de la veille, mélangez bien le tout et portez à ébullition un instant.

3 Rajoutez la viande, mélangez bien, puis assaisonnez de sel, de poivre et d'un peu de gingembre.

Conseil
Si votre bourse n'est pas trop pleine, remplacez le filet de bœuf par de l'escalope de poulet ou de dinde.

Pita garnie

En haut : pain fourré à la mozzarella
En bas : pita garnie

- ⊖ maigre
- ⊖ végétarien
- ⊖ au poisson
- ⊖ raffiné
- ⊖ entre amis
- ⊕ rapide
- ⊕ économique
- ⊕ facile

Ingrédients

1 tranche de jambon blanc · 2 dattes sèches · un peu de cresson frais

75 g de fromage frais double crème · 2 c.s. de lait · sel · poivre noir du moulin

1 petite pita · 2 c.c. de beurre mou ou de margarine

3 à 4 feuilles de salade · 1 tronçon de concombre

Pour 1 personne
Préparation : env. 20 mn
Env. 740 kcal

1 Coupez le jambon en dés. Dénoyautez les dattes et coupez-les en rondelles. Rincez le cresson et recoupez-le.

2 Mélangez le fromage frais, le lait, le jambon, les dattes et le cresson. Salez et poivrez.

3 Coupez la pita en deux dans la longueur. Ouvrez chaque moitié par le milieu d'une face et tartinez l'intérieur de beurre ou de margarine.

4 Lavez la salade, essorez-la et recoupez-la en morceaux de la taille d'une bouchée. Lavez le concombre et coupez-le en rondelles fines. Garnissez les moitiés de pita de salade et de concombre puis remplissez-les de préparation au fromage frais.

Pain fourré à la mozzarella

- ⊖ maigre
- ⊖ végétarien
- ⊖ au poisson
- ⊖ raffiné
- ⊖ entre amis
- ⊕ rapide
- ⊕ économique
- ⊕ facile

Ingrédients

3 c.s. de persil haché · 2 c.s. d'huile d'olive · 1 c.s. de poudre d'amandes · 1 petite gousse d'ail · un peu de zeste de citron non traité, râpé · sel · poivre noir du moulin

40 g de mozzarella · 1 petite tomate ferme · 1 tronçon de concombre

1 petit pain complet · 1 tranche de jambon fumé

Pour 1 personne
Préparation : env. 15 mn
Env. 670 kcal

1 Dans une petite jatte, mélangez le persil, la poudre d'amandes et l'huile. Épluchez et pressez l'ail, puis ajoutez-le à la préparation. Assaisonnez généreusement avec du zeste de citron, du sel et du poivre.

2 Égouttez soigneusement la mozzarella et coupez-la en tranches fines. Lavez et coupez en tranches fines la tomate et le concombre.

3 Ouvrez le pain en deux et tartinez les deux moitiés de préparation au persil. Sur la moitié du dessous, posez le jambon, les tranches de tomate, de concombre et de mozzarella, et refermez votre sandwich.

Burgers de blé vert aux carottes

- maigre
- végétarien
- au poisson
- raffiné
- entre amis
- rapide
- économique
- facile

Ingrédients

1 oignon · 4 c.s. d'huile · 70 g de blé vert · 125 ml de bouillon de légumes (instantané) · 2 c.c. de marjolaine fraîche ou 1 c.c. de marjolaine séchée

1 petit œuf · sel · poivre noir du moulin

150 g de carottes · 1 petite pomme acide · 1 c.s. de jus de citron

1 c.s. de graines de potiron

Pour 1 personne
Préparation : env. 30 mn
Env. 980 kcal

1 Épluchez et hachez l'oignon. Faites chauffer 2 c.c. d'huile pour faire blondir l'oignon. Ajoutez le blé vert et laissez griller sans cesser de remuer. Mouillez avec le bouillon, ajoutez la marjolaine et laissez gonfler une vingtaine de minutes à feu doux sous un couvercle.

2 Quand le blé vert aura un peu tiédi, mélangez l'œuf dedans, puis salez et poivrez. Modelez deux burgers plats.

3 Faites chauffer 1 c.s. d'huile dans une poêle et, à feu modéré, mettez les burgers à griller des deux côtés, une dizaine de minutes environ.

4 Pendant ce temps, épluchez et râpez les carottes. Rincez, essuyez, épépinez et râpez la pomme grossièrement, puis arrosez-la de jus de citron.

5 Mélangez les carottes et la pomme avec le reste d'huile ; salez et poivrez. Ajoutez les graines de potiron.

Conseil
Il est facile de transporter les carottes râpées dans une boîte hermétique. Pour les burgers, vous utiliserez du film étirable.

Ingrédients

1 œuf frais · 1 petit pain complet · 2 c.c. de beurre ou de margarine

1 petite tomate ferme · 1 c.s. de ciboulette ciselée · 75 g de fromage blanc à 20 % · 1 c.s. de lait · sel · poivre blanc du moulin · 1/2 à 1 c.c. de curry

env. 3 c.s. de germes (soja, alfalfa)

Pour 1 personne
Préparation : env. 15 mn
Env. 430 kcal

Petit pain aux germes

1 Dans une petite casserole, portez de l'eau à ébullition. Plongez-y l'œuf piqué d'un trou d'épingle et faites-le durcir 8 minutes. Pendant ce temps, ouvrez le pain en deux et tartinez-le légèrement de beurre ou de margarine.

2 Lavez la tomate, coupez-la en deux, épépinez-la et ôtez le pédoncule dur. Puis détaillez la chair en petits dés. Mélangez la tomate, le fromage blanc, la ciboulette et le lait. Salez, poivrez bien et ajoutez le curry. Sortez l'œuf de l'eau et écalez-le.

3 Garnissez la moitié inférieure du pain de préparation au fromage blanc. Rincez les germes dans une passoire, égouttez-les bien et disposez-les sur le fromage. Refermez le petit pain.

maigre ⊖
végétarien ⊕
au poisson ⊖
raffiné ⊖
entre amis ⊖
rapide ⊕
économique ⊕
facile ⊕

Suggestion
Cette préparation est délicieuse pour accompagner les restes de pain de mille manières, notamment avec du jambon blanc.

Ingrédients

1 petit piment rouge

1 jaune d'œuf · 100 g de bœuf haché · 20 g de chapelure · sel · poivre noir du moulin · 5 c.s. d'huile

1/2 poivron rouge · 1 œuf · 125 ml de lait fermenté (kéfir)

50 g de farine · 80 g de semoule de maïs · 1 c.c. de levure

persil haché

Pour 6 pièces
Préparation : env. 30 mn
Cuisson au four : env. 20 mn
Env. 630 kcal

Muffins mexicains

- maigre
- végétarien
- au poisson
- raffiné
- entre amis
- rapide
- économique
- facile

1 Ouvrez le piment en longueur, épépinez-le, rincez-le et hachez-le. Si vous avez travaillé sans gants, lave-vous les mains immédiatement après.

2 Mélangez le piment, le jaune d'œuf, la viande hachée et la chapelure ; salez et poivrez. Les mains mouillées, modelez 6 boulettes et faites-les dorer dans 1 c.s. d'huile très chaude. Réservez. Préchauffez le four à 200 °C (th. 6-7).

3 Lavez le poivron, retirez les cloisons et les pépins et coupez-le en dés. Séparez le jaune et le blanc de l'œuf. Battez le jaune avec le lait fermenté et le reste d'huile. Battez le blanc en neige ferme avec une pincée de sel.

4 Mélangez la farine, la semoule et la levure puis incorporez-les à la préparation. Ajoutez ensuite le poivron et le persil haché très fin. Puis incorporez le blanc battu avec précaution.

5 Graissez une tôle à muffins. Remplissez chaque moule à moitié. Posez une boulette dans chacun puis terminez de les remplir avec le reste de pâte.

6 Enfournez à mi-hauteur pour 15 à 20 minutes.

Conseil
Ces muffins se gardent 2 à 3 jours dans une boîte au réfrigérateur. Apportez-les au bureau pour régaler vos collègues !

Feuilletés courgette-salami

Ingrédients

pâte feuilletée surgelée (75 g env.)
1 petit oignon · 1 petite courgette · 50 g de salami ou de chorizo
2 c.c. d'huile · sel · poivre noir du moulin · paprika doux
1 petit œuf
farine pour le plan de travail
2 c.s. de parmesan frais râpé

maigre ⊖
végétarien ⊖
au poisson ⊖
raffiné ⊖
entre amis ⊕
rapide ⊖
économique ⊕
facile ⊕

Pour 1 personne
Préparation : env. 15 mn
Cuisson au four : 15 mn
Env. 880 kcal

1 Laissez dégeler la pâte. Préchauffez le four à 225 °C (th. 7-8).

2 Épluchez et hachez l'oignon. Lavez, équeutez et râpez grossièrement la courgette. Coupez le salami en petits cubes.

3 Faites chauffer l'huile dans une poêle et mettez-y l'oignon pour le faire dorer à feu modéré. Ajoutez le salami et laissez-le griller. Ajoutez la courgette et assaisonnez avec du sel, du poivre et du paprika. Mélangez et laissez mijoter 5 minutes à feu modéré.

4 Battez l'œuf. Versez la préparation au salami dans une jatte, laissez-la refroidir un peu et mélangez dedans la majeure partie de l'œuf battu.

5 Étalez la pâte feuilletée sur une surface légèrement farinée de manière à obtenir un rectangle de 15 x 30 cm que vous recoupez en deux carrés. Sur le milieu de chaque carré, disposez de la préparation au salami puis refermez les carrés en triangles en appuyant fortement avec une fourchette pour refermer les côtés et bien enfermer la farce.

6 Posez les feuilletés sur une feuille de papier de cuisson et enduisez-les du reste d'œuf battu. Saupoudrez de parmesan. Enfournez à mi-hauteur pour faire dorer une quinzaine de minutes. Laissez refroidir et emballez.

Petit pain au mascarpone

- maigre
- végétarien
- au poisson
- raffiné
- entre amis
- rapide
- économique
- facile

Ingrédients

1/2 bouquet de persil
75 g de mascarpone · 1 c.s. de lait
1 c.s. d'amandes · sel · poivre noir du moulin
1/2 poivron rouge
1/2 courgette
1 petite baguette

Pour 1 personne
Préparation : env. 30 mn
Env. 500 kcal

1 Lavez, essorez et hachez le persil avec ses tiges au mixeur ou au hachoir.

2 Mélangez le mascarpone avec le lait puis avec le persil.

3 Faites griller les amandes à sec dans une poêle. Puis ajoutez-les au mascarpone, mélangez, salez et poivrez.

4 Lavez le poivron ; ôtez cloisons, pédoncule et pépins.

5 De même, lavez la courgette et équeutez-la. Puis coupez ces deux légumes en longues lamelles fines.

6 Ouvrez la baguette et tartinez-la de mascarpone.

7 Disposez dessus des languettes de courgette et de poivron. Refermez le pain en enfermant bien les ingrédients à l'intérieur.

Conseils
Il est plus facile de découper la courgette avec un grand couteau de cuisine lourd. À la place du mascarpone, vous pouvez prendre du fromage frais aux fines herbes.

Ingrédients

2 tranches de pain de campagne · 2 c.c. de beurre · 2 feuilles de laitue

1 tronçon de concombre (50 g) · 1 tomate ferme

1/2 c.c. de marjolaine

4 olives noires · 50 g de fromage de brebis

sel · poivre noir du moulin

Pour 1 personne
Préparation : env. 20 mn
Env. 360 kcal

Sandwich à la grecque

1 Tartinez le pain de beurre et recouvrez-le de salade.

2 Lavez la tomate et le concombre et émincez-les en fines tranches après avoir retiré le pédoncule dur de la tomate.

3 Posez des tranches de tomate et de concombre sur une des tartines. Parsemez de feuilles de marjolaine.

4 Ouvrez les olives en deux et dénoyautez-les. Coupez le fromage en longues languettes et disposez le tout sur le pain.

5 Salez et poivrez selon votre goût et posez l'autre tranche de pain sur la première.

maigre ⊖
végétarien ⊕
au poisson ⊖
raffiné ⊖
entre amis ⊕
rapide ⊕
économique ⊕
facile ⊕

Conseils

Emballez ce sandwich bien serré dans du film étirable afin qu'il ne se défasse pas. Il est encore meilleur avec du pain plat turc ou grec.
Les olives noires peuvent être remplacées par des olives vertes.

Ingrédients

50 g de gouda en bloc · 6 tomates cerises

1 tronçon de concombre (10 cm) · 1 petite carotte

2 tranches de pain complet · 1 c.c. de beurre · 3 à 4 brochettes de bois

Pour 1 personne
Préparation : env. 20 mn
Env. 490 kcal

Brochettes aux légumes

- maigre
- végétarien
- au poisson
- raffiné
- entre amis
- rapide
- économique
- facile

1 Coupez le gouda en cubes de 1 cm de côté. Lavez les tomates.

2 Lavez le concombre ; épluchez et lavez la carotte puis coupez les deux en rondelles de 1/2 cm d'épaisseur.

3 Tartinez le pain de beurre et coupez-les en cubes de 1 cm de côté. Enfilez ces ingrédients en alternance sur les piques à brochettes.

Conseil

Emballées dans une boîte hermétique ou un sachet qui ferme bien, ces brochettes seront faciles à transporter et seront encore fraîches plusieurs heures après leur confection.

Variantes

Au lieu de beurre, vous pouvez tartiner le pain de pâté.
Vous pouvez remplacer les légumes par des raisins noirs et blancs ou des quartiers de mandarine.

Ingrédients

1 escalope de poulet (125 g) · sel · poivre noir du moulin · cumin moulu · 2 c.c. d'huile

60 g de raisins noirs · 50 g de fromage frais double crème · 1 c.s. de lait · 2 à 3 c.c. de chutney à la mangue (du commerce)

2 tranches de pain complet

Pour 1 personne
Préparation : env. 20 mn
Env. 570 kcal

Sandwich au poulet

1 Frottez l'escalope de sel, de poivre et de cumin. Après avoir fait chauffer l'huile dans une poêle, faites-y dorer l'escalope des deux côtés à feu vif. Puis réduisez le feu et laissez-la cuire encore 5 minutes environ en la retournant à mi-cuisson.

2 Lavez et essuyez les raisins puis coupez les grains en deux et épépinez-les. Recoupez-les. Délayez le fromage frais avec le lait et ajoutez le chutney, puis les raisins. Mélangez. Salez et poivrez copieusement.

3 Tartinez les tranches de pain avec cette préparation. Coupez l'escalope en tranches à votre idée (en biais, en lamelles...), posez-les sur une des tartines et posez l'autre dessus pour refermer.

- maigre ⊖
- végétarien ⊖
- au poisson ⊖
- raffiné ⊖
- entre amis ⊖
- rapide ⊕
- économique ⊕
- facile ⊕

Conseil

Dans le commerce, on trouve du chutney à la mangue en petits bocaux. Il y en a dans beaucoup de supermarchés et dans les épiceries fines. Vous aurez du choix et la possibilité d'en acheter sans grande dépense.

Empanadas farcies à l'agneau

- maigre
- végétarien
- au poisson
- raffiné
- entre amis
- rapide
- économique
- facile

Ingrédients

pâte feuilletée surgelée (120 g) · 1 petit oignon · 1/2 poivron vert

1 petite carotte · 1/2 c.c. de grains de coriandre

100 g d'agneau haché · 1 c.s. d'huile · 1 c.s. de concentré de tomate · cannelle · sel · poivre blanc du moulin · 1/2 c.c. de jus d'agave (facultatif)

1 jaune d'œuf · 2 c.s. de lait

1 petite boîte de maïs (net égoutté 140 g)

1/2 piment rouge · 1 oignon nouveau

1 tomate · 1 c.s. de jus de citron vert

Pour 1 personne
Préparation : env. 25 mn
Env. 990 kcal

1 Laissez dégeler la pâte feuilletée. Épluchez et hachez l'oignon. Lavez, équeutez et coupez le poivron en dés.

2 Épluchez et coupez la carotte en dés. Pilez la coriandre dans un mortier ou écrasez-la avec le manche d'un couteau. Préchauffez le four à 200 °C (th. 6-7).

3 Faites griller l'agneau haché dans de l'huile très chaude. Ajoutez oignon, poivron et carotte et faites sauter 3 minutes sans cesser de remuer. Ajoutez ensuite le concentré de tomate et assaisonnez bien avec le sel, le poivre, la cannelle, la coriandre et le jus d'agave. Laissez refroidir.

4 Battez le jaune d'œuf et le lait. Divisez la pâte feuilletée de biais en deux parties égales. Posez la farce sur les morceaux de pâte et enduisez leur pourtour de jaune d'œuf battu au lait. Repliez les carrés en forme de triangles et pressez les bords pour bien enfermer la farce.

5 Rincez une tôle à four à l'eau froide. Posez les empanadas sur la tôle et enduisez la face du dessus de jaune d'œuf battu. Enfournez une vingtaine de minutes pour faire dorer.

6 Pendant ce temps, pour la sauce, passez les deux tiers du maïs et leur eau au mixeur pour les réduire en purée. Ajoutez le reste des grains de maïs dans la purée.

7 Coupez le piment dans la longueur, épépinez-le, lavez-le et coupez-le en petits dés. Si vous n'avez pas utilisé de gants, lavez-vous les mains immédiatement après. Équeutez et lavez l'oignon nouveau puis coupez-le en fines rondelles. Ajoutez-les dans la purée de maïs, de même que le piment.

8 Lavez la tomate, coupez-la en biais, épépinez-la et hachez la chair. Ajoutez-la dans le maïs et assaisonnez avec le jus de citron vert, le sel et le poivre. Servez la sauce avec les empanadas.

Index des recettes